MEDITACIÓN

Una Guía Perfecta Para Conseguir Paz Interior Y Felicidad

(Técnicas Sencillas De Relajación)

Yrko Nava

Publicado Por Daniel Heath

© **Yrko Nava**

Todos los derechos reservados

Meditación: Una Guía Perfecta Para Conseguir Paz Interior Y Felicidad (Técnicas Sencillas De Relajación)

ISBN 978-1-989808-36-8

Este documento está orientado a proporcionar información exacta y confiable con respecto al tema y asunto que trata. La publicación se vende con la idea de que el editor no esté obligado a prestar contabilidad, permitida oficialmente, u otros servicios cualificados. Si se necesita asesoramiento, legal o profesional, debería solicitar a una persona con experiencia en la profesión.

Desde una Declaración de Principios aceptada y aprobada tanto por un comité de la American Bar Association (el Colegio de Abogados de Estados Unidos) como por un comité de editores y asociaciones.

No se permite la reproducción, duplicado o transmisión de cualquier parte de este documento en cualquier medio electrónico o formato impreso. Se prohíbe de forma estricta la grabación de esta publicación así como tampoco se permite cualquier almacenamiento de este documento sin permiso escrito del editor. Todos los derechos reservados.

Se establece que la información que contiene este documento es veraz y coherente, ya que cualquier responsabilidad, en términos de falta de atención o de otro tipo, por el uso o abuso de cualquier política, proceso o dirección contenida en este documento será responsabilidad exclusiva y absoluta del lector receptor. Bajo ninguna circunstancia se hará responsable o culpable de forma legal al editor por cualquier reparación, daños o pérdida monetaria debido a la información aquí contenida, ya sea de forma directa o indirectamente.

Los respectivos autores son propietarios de todos los derechos de autor que no están en posesión del editor.

La información aquí contenida se ofrece únicamente con fines informativos y, como tal, es universal. La presentación de la información se realiza sin contrato ni ningún tipo de garantía.

Las marcas registradas utilizadas son sin ningún tipo de consentimiento y la publicación de la marca registrada es sin el permiso o respaldo del propietario de esta. Todas las marcas registradas y demás marcas incluidas en este libro son solo para fines de aclaración y son propiedad de los mismos propietarios, no están afiliadas a este documento.

TABLA DE CONTENIDO

Parte 1 1

Introducción 2

Capítulo 1: ¿Por Qué Debes Empezar A Meditar Ahora? 4

Capítulo 2: Cómo Meditar. Conceptos Básicos- Descripción General Y Dónde Comenzar 14

Capítulo 3: ¿Cuál Es El Significado De La Atención Plena Y Cómo Puedes Beneficiarte De Ella?.................................. 25

Capítulo 4: Estrategias De Meditación Para Principiantes.. 31

Capítulo 5: Estrategias De Meditación Para El Intermedio. 36

Capítulo 6: Estrategias Para El Maestro De La Meditación. 45

Capítulo 7: Técnicas Para Simplificar Tu Vida Y Estar Más Satisfechos 55

Capítulo 8: Cómo Aumentar La Espiritualidad A Través De La Meditación Y La Atención Plena Para Estar Cerca De Tu Creador 59

Capítulo 9: Consejos Para Calmar La Mente Y Disfrutar De Vivir En El Presente... 62

Capítulo 10: Consejos Para Aumentar La Positividad Y La Perspectiva General Emocional Y Espiritual De La Vida 66

Conclusión 70

¡Gracias De Nuevo Por Comprar Este Libro Sobre Meditación Y Otras Técnicas Para Vivir Una Vida Más Simple Y Positiva! 70

Estoy Sumamente Emocionado De Pasarte Esta Información, Y Estoy Muy Feliz De Que Ahora Hayas Leído Y Espero Que Puedas Implementar Estas Estrategias En El Futuro. 70

Espero Que Este Libro Haya Sido Capaz De Ayudarte A

Comprender Las Técnicas De Meditación Básicas, Intermedias Y Avanzadas Y Cómo Aplicarlas En Tu Vida 70

¡El Siguiente Paso Es Comenzar A Utilizar Esta Información Y, Con Suerte, Vivir Una Vida Más Pacífica, Más Feliz Y Más Satisfactoria! 70

¡No Seas Alguien Que Solo Lea Esta Información Y No La Apliques, Las Estrategias En Este Libro Solo Te Beneficiarán Si Las Usas! 70

Si Conoces A Alguien Más Que Pueda Beneficiarse De La Información Que Se Presenta Aquí, Infórmale Sobre Este Libro 71

Finalmente, Si Disfrutaste De Este Libro Y Sientes Que Has Agregado Valor A Tu Vida De Alguna Manera, Tómate El Tiempo Para Compartir Tus Pensamientos Y Publicar Un Comentario En Amazon. ¡Sería Muy Apreciado! 71

¡Gracias Y Buena Suerte! 71

Parte 2 72

Capítulo 1 73

Percibiendo La Meditación 73

ENTENDIENDO LA MEDITACIÓN 73
CÓMO FUNCIONA LA MEDITACIÓN 74

Capítulo 2 77

Por Qué Deberías Considerar La Meditación 77

Capítulo 3 83

Diferentes Tipos De Meditación 83

MEDITACIÓN TRASCENDENTAL 83
MEDITACIÓN ZEN (ZAZEN) 84
MEDITACIÓN DEL AMOR UNIVERSAL 87
MEDITACIÓN DE MANTRA 88
MEDITACIÓN DE CONCENTRACIÓN PLENA 90

MEDITACIÓN VIPASSANA 91
MEDITACIÓN TIPO YOGA 96
MEDITACIÓN DEL SONIDO (YOGA NADA) 99

Capítulo 4 102

Sentando Las Bases: Una Selección De Técnicas Y Empezando 102

ELIGE UN BUEN LUGAR 102
ESCOGE EL MOMENTO CORRECTO 102
CALENTAMIENTO 103
ASEGÚRATE DE QUE MANTIENES LA POSE CORRECTA 103
SIÉNTATE SOLO POR DOS MINUTOS 104
PRACTICANDO RESPIRACIÓN PROFUNDA 104

Capítulo 5 106

Cómo Hacer De La Meditación Un Hábito Diario 106

PROFESOR Y RENDIR CUENTAS 109

Conclusión 112

Parte 1

Introducción

Quiero agradecerte y felicitarte por comprar el libro.

Este libro contiene pasos probados y estrategias sobre cómo practicar la meditación para vivir en el momento presente y estar más satisfecho en la vida. Este libro te ayudará a obtener los beneficios de la meditación, a vivir una vida más simple pero más feliz, ya adquirir una perspectiva positiva de la vida. Este libro te ayudará a comprender los beneficios de la meditación y cómo puedes usarla para mejorar tu calidad de vida.

Si sientes que estás viviendo día tras día sin un sentido de propósito, si sientes que tu vida carece de dirección. Si te sientes estresado, enfermo y cansado de todas las presiones y exigencias de la vida, esto es para ti.

Este libro te ayudará a aprender las antiguas técnicas de meditación que te permitirán aquietar tu mente y descubrir las cosas más importantes de la vida. Este libro te ayudará a vivir una vida mejor, más brillante y más positiva.

Gracias de nuevo por comprar este libro, ¡espero que lo disfrutes!

Capítulo 1: ¿Por qué debes empezar a meditar AHORA?

La meditación es muy popular hoy en día. De hecho, se ha convertido en una palabra de moda en la comunidad de la "nueva era". Muchas personas se están subiendo al carro de la meditación y el yoga porque estas prácticas se han presentado con frecuencia en muchas revistas, sitios web y programas de entrevistas populares como Oprah. Muchas celebridades como Jennifer Aniston, Paula Abdul, Kristen Bell, SherylCrow, JimCarrey, Ellen DeGeneres, MiaFarrow, Jane Fonda, HughJackman, Nicole Kidman, Naomi Watts, Miranda Kerr y Madonna practican la meditación con regularidad.

La meditación es popular debido a su capacidad para relajar y calmar la mente. En esta era en la que todos estamos ocupados y cansados, necesitamos algo que nos ayude a estar con los pies en la tierra. Necesitamos algo que nos proteja de todo el estrés, la ansiedad y las presiones.

Estas son las razones más convincentes por las que debes comenzar a meditar ahora:

1. Concentración mejorada -El estrés, las presiones y el envejecimiento a menudo causan que tu mente se deteriore. Debido a estos factores, a menudo tendrás problemas con la cognición y otras funciones cerebrales

que te dificultarán concentrarte y enfocarte. La meditación es una práctica mental o una forma de entrenamiento mental que mejorará tu concentración y atención. Si meditas regularmente, será más fácil para ti estudiar, escribir o concentrarte en una tarea muy importante. Cuando meditas con regularidad, no te distraerás fácilmente con Internet o las redes sociales.

2. Función mejorada del sistema inmunológico - Debido a que la meditación es una técnica de relajación, ayuda a fortalecer el sistema inmunológico. La meditación mejora la resistencia del cuerpo a varias enfermedades y ayuda a combatir las

células y los virus del cáncer. Si notaste que tu salud se ha deteriorado y que ahora eres más propenso a la gripe y la fiebre, entonces es hora de comenzar a meditar antes de que sea demasiado tarde.

3. Mayor fertilidad -Los estudios muestran que las mujeres que meditan a menudo son más fértiles que las que no lo hacen. Un estudio también muestra que los hombres que meditan a menudo tienen un mayor conteo de espermatozoides.

4. La meditación reduce la presión arterial -Un estudio realizado en la Escuela de Medicina de Harvard muestra que los practicantes regulares de meditación tienen una presión arterial más baja.

Cuando su presión arterial es más baja, es menos probable que su cuerpo reaccione a las hormonas del estrés.

5. La meditación alivia el estrés y la ansiedad -Se sabe que la meditación reduce el estrés y la ansiedad. Si estás constantemente expuesto a tareas, relaciones y circunstancias estresantes, entonces es mejor meditar con regularidad.

6. Tranquilidad - La meditación calma los nervios y ayuda a los practicantes a estar más relajados. La meditación te ayuda a mantener la calma incluso cuando te enfrentas a situaciones y circunstancias estresantes.

7. Estabilidad emocional -La meditación

ayuda a los practicantes a estar más conectados a la tierra y en control de sus emociones. Las emociones a veces son erráticas. Las emociones pueden atraparte y hacerte sentir como si estuvieras en una montaña rusa donde experimentas giros y vueltas frecuentes, subidas y bajadas. La meditación puede ayudarte a despejar tu mente de toda la negatividad. Puede ayudarte a lidiar con el equipaje emocional. También puede ayudarte a ganar claridad y tranquilidad.

8. Aumento de la creatividad -Algunas formas de meditación, como las que tienen como objetivo despertar la energía de Kundalini, pueden aumentar la creatividad. Las personas que

practican técnicas avanzadas de meditación a menudo experimentan un flujo espontáneo de ideas creativas. Los practicantes regulares de meditación se vuelven más imaginativos y artísticos. Steve Jobs, que era un practicante de meditación, acredita su práctica espiritual por su creatividad renovada cuando fundó Pixar.

9. La meditación disminuye la susceptibilidad a los críticos -Las personas que meditan regularmente son menos vulnerables a los críticos y detractores. Es menos probable que tomen las cosas personalmente. La meditación también permite a los practicantes acallar a su crítico interno y aceptarse más a sí mismos.

10. La meditación ayuda a tu verdadero norte -Si ya estás en tus primeros treinta o cuarenta años, pero aún no has descubierto qué hacer, entonces es hora de meditar. La meditación te ayuda a ponerte en contacto con tu verdadero propósito. La meditación te ayuda a estar más en contacto con lo que realmente quieres de la vida.
11. La meditación mejora la intuición -La meditación te brinda claridad y esto fortalece tu intuición, tú guía interior. La meditación te ayuda a entenderte mejor a ti mismo. La meditación hace que tu alma y espíritu estén en sintonía con lo divino y el de otras personas. Tendrás algunos destellos de percepción y mayor conocimiento.

Sería más fácil para ti tomar las decisiones correctas y determinar la verdadera naturaleza de las personas, a pesar de las máscaras que usan.

12. La meditación te acerca a lo divino -La oración es en realidad una forma de meditación. Se sabe que la meditación te acerca al poder divino. Te ayuda a conectarte con la Energía Superior y te acerca a Dios.

13. La meditación cultiva la compasión - La meditación te ayuda a estar más conectado y empático con los demás. Como resultado, serás más compasivo y comprensivo con los demás. Esto, a su vez, te ayudará a construir relaciones más sólidas y profundas con las personas que te rodean.

Si has estado estresado, cansado, enfermo y sientes que tu vida no está llegando a ninguna parte, se recomienda comenzar a meditar ahora. La meditación tiene muchos beneficios para la salud, emocionales y mentales que ayudarán a que tu vida sea mejor, más feliz y más satisfactoria.

Capítulo 2: Cómo meditar. Conceptos básicos- descripción general y dónde comenzar

Como se discutió en los capítulos anteriores, tú obtendrás muchos beneficios de la meditación. Sin embargo, antes de comenzar con la meditación, ¿qué deseas obtener de tu práctica de meditación? ¿Quieres estar más relajado y tranquilo? ¿Quieres lograr claridad y mejorar tu intuición? ¿Quieres ser más agudo y concentrado mentalmente? ¿Quieres ser más consciente de tus acciones y tus pensamientos? ¿Quieres curar las heridas emocionales y el peso que llevas durante años?

Para obtener lo mejor de tu práctica de

meditación, debes tener claro qué quieres obtener de ella para poder practicar la mejor técnica de meditación que te permita alcanzar tu objetivo.

Diferentes tipos de meditación

1. Meditación con atención plena: este es uno de los tipos más populares de meditación. Es una práctica de meditación occidental que no es sectaria. La meditación de atención plena tiene como objetivo hacer que los practicantes estén más presentes en el momento.

2. Meditación del mantra: la meditación del mantra se basa en la antigua

tradición védica. Este tipo de meditación permite a los practicantes enfocarse en un mantra.

3. Meditación Kundalini: este tipo de meditación tiene como objetivo despertar la energía Kundalini que permite a los practicantes adquirir mayor comprensión, mayor intuición, poderes curativos y habilidades psíquicas.

4. Meditación del ritmo cardíaco: este tipo de meditación se centra en el chakra del corazón y ayuda a los practicantes a ser más compasivos. Este tipo de meditación también te ayuda a liberar tu tristeza y tus miedos.

5. Meditación reflexiva: este tipo de meditación tiene como objetivo encontrar respuestas a preguntas más importantes en la vida, tales como "¿Cuál es mi propósito?", "¿Quién soy yo?" Y "¿Cómo puedo ayudar a los demás?"

6. Meditación creativa: la meditación creativa también se conoce como visualización. El objetivo de este tipo de meditación es atraer la sincronicidad para ayudarte a alcanzar tus metas y deseos en la vida. Este tipo de visualización también mejora tu sentido de gratitud, humildad, coraje y gentileza.

7. Meditación de chakra: este tipo de meditación tiene como objetivo abrir los diversos chakras o puntos de energía.

<u>Pasos para empezar</u>
Ahora que ya conoces los diferentes tipos de meditación, es hora de comenzar. Estos son los pasos que debes seguir para iniciar tu práctica de meditación:

- Tienes que elegir un espacio de meditación donde no te molesten ni distraigan. Tienes que elegir un lugar tranquilo en tu habitación o en tu jardín donde puedas meditar. Debe asegurarse de elegir un lugar cómodo que tenga la humedad y la temperatura adecuada.

- Tienes que usar ropa muy cómoda antes de practicar la meditación. Asegúrate de usar ropa suelta y hecha de tela fresca. Si usas ropa ajustada, te sentirás incómodo y te distraerás de tu práctica de meditación.

- Debes evitar comer justo antes de comenzar una sesión de meditación. Sin embargo, asegúrate de que no tengas hambre tampoco. El hambre y la plenitud te harán sentir incómodo y pueden distraerte de tu práctica. Aunque es importante estar hidratado.

- Siéntate en una silla o cojín, lo que te haga sentir más cómodo.

- Tienes que estar relajado cuando estás meditando. Tienes que sentarte en posición vertical. Tienes que asegurarte de que tu columna esté recta. Tienes que mantener los hombros hacia atrás y mantener el pecho abierto. También ayuda el estar tranquilo cuando meditas. Mientras que la meditación te relaja y te calma, es difícil meditar cuando estás preocupado por diferentes tipos de problemas y tareas. Antes de meditar, es mejor hacer algo que sea relajante. Puedes caminar un poco por el parque, estirarte, leer un buen libro, ver una película divertida o bañarte.

- Puedes meditar con los ojos cerrados o abiertos. Si recién comienzas a meditar, no es necesario seguir posturas y estructuras rígidas. La clave es hacer algo que te resulte cómodo. Cambia las posturas de vez en cuando si sientes incomodidad.

- Respira profundamente. Asegúrate de que tus respiraciones sean rítmicas y profundas, ya que esto establecerá el patrón para tu práctica de meditación. Recuerda enfocarte en tu respiración.

- Escuchamúsica relajante. Puedes descargar en línea una gran cantidad de música hermosa de meditación que puedes usar durante tu práctica.

- Establece un horario de meditación. Tienes que fijar un tiempo regular para meditar. No confíes en el "tiempo libre", tienes que comprometerte a practicar la meditación todos los días. Cuando aún estás empezando a meditar, es mejor hacerlo durante 5 a 10 minutos. Puedes aumentar la cantidad de tiempo a medida que avanza.

- Tienes que ser paciente y tienes que darte un tiempo. La meditación puede ser desafiante al principio, así que tienes que ser paciente y determinado.

- Tienes que hacer de la meditación una práctica regular. No puedes obtener los beneficios de la meditación practicándola una o dos veces. Tienes que hacer de la meditación una parte diaria de tu vida.

Cuando elijas la práctica de meditación correcta que se adapte a ti y tus necesidades, obtendrás sus beneficios óptimos. Para comenzar a meditar, debes tomar la decisión de meditar y comprometerte por completo. La meditación no es una actividad que puedes hacer solo una o dos veces. La meditación debe ser parte de tu estilo de vida y de tu vida en general. Es un proceso continuo de relajación, autodescubrimiento y unión con lo Divino.

Capítulo 3: ¿Cuál es el significado de la atención plena y cómo puedes beneficiarte de ella?

La meditación está presente en el momento. Esta básicamente llevando tu atención desde la experiencia presente hacia un momento dado básico. Cuando estás atento, estás experimentando de manera consiente cada sensación, vista y olfato. Cuando estás atento, conscientemente estás dirigiendo tu conciencia hacia el presente. Cuando estás atento, estás prestando atención conscientemente a la experiencia real de lo que sea que estés haciendo.

Para ilustrar este concepto, tomemos como ejemplo una actividad muy trivial, como comer. Cuando practicas una alimentación consciente, no solo eres consciente de lo que estás comiendo. Cuando estás atento a lo que estás comiendo, prestas atención a la experiencia real. Prestas atención a las sensaciones que estás sintiendo. Cuando te das cuenta de que tu mente se distrae mientras comes, intencionalmente vuelve a centrar tu atención en los alimentos que masticas y las sensaciones que sientes mientras comes.

Pero ¿Por qué practicar la atención plena? ¿Cuáles son los beneficios que puedes obtener de la meditación de atención plena?

1. La atención plena mejora tu bienestar general: las personas que son más

conscientes y están más contentas y satisfechas con la vida es porquese toman el tiempo para darse cuenta de cada pequeño detalle. Si eres consciente, saboreas y disfrutas cada momento y, como resultado, te vuelves más contento, agradecido y, en general, más feliz. La atención plena también mejora tu capacidad para enfrentar los eventos adversos y desafiantes que se te pueden presentar.

2. La atención plena mejora tu salud mental: cuando estás atento, tienes más control de tu mente. Practicar la meditación consciente puede ayudarte a controlar tus pensamientos y reclamar poder sobre tu mente.

Cuando practicas la atención plena, es fácil para ti detectar los pensamientos negativos y reemplazarlos por otros positivos. Cuando estás atento, estás menos preocupado y afectado por tus errores pasados. Muchos estudios muestran que la atención plena ayuda a aliviar el abuso de sustancias, los trastornos de ansiedad y los trastornos alimentarios.

3. La atención plena mejora tu salud física: la atención alivia el estrés y te ayuda a relajarte. Como resultado, tu salud general mejorará. Tu presión arterial será más baja, la calidad y la duración de tu sueño mejorarán y también ayudará a aliviar los problemas

gastrointestinales.

4. La atención plena mejora las relaciones: se sabe que la atención plena mejora las relaciones porque disminuye la volatilidad emocional. Cuando estás atento, eres menos crítico con los demás y más tolerante con tus errores. También cultiva la compasión.

5. La atención plena te ayuda a estar más conectado contigo mismo y con tu entorno. Cuando practicas la meditación consciente, estás más en contacto con tus sentimientos y pensamientos y, como resultado, llegas a conocerte un poco más. Te vuelves más íntimo contigo mismo.

La meditación de atención plena se utiliza a menudo en terapias conductuales y psicoterapias. Es una forma científicamente comprobada de mejorar la vida de uno. Cuando estás atento, no solo flotas o te deslizas por la vida. Estás experimentando cada momento, y te das cuenta y notas que la vida es realmente hermosa.

Capítulo 4: Estrategias de Meditación para Principiantes

Si recién estás comenzando a meditar, es recomendable hacer primero la meditación de atención plena. La meditación de atención plena es una de las técnicas de meditación más simples y practicadas.

Para comenzar a meditar, recuerda los pasos que hemos discutido en el Capítulo 1. Asegúrate de no estar lleno o con hambre cuando esté meditando. Asegúrate de estar bien hidratado y de llevar ropa cómoda.

1. Técnica básica de atención plena - Siéntate en una silla o cojín. Respira

hondo y concéntrate en tu respiración. Se consciente y concéntrate en tu respiración, si tu mente comienza a divagar y comienzas a pensar en el trabajo, la comida, tus relaciones o cualquier otra cosa, dirige suavemente tu mente hacia tu respiración. No te juzgues a ti mismo. Solo reconoce el pensamiento, déjalo ir y vuelve a concentrarte en tu respiración.

2. Técnica de atención plena para aumentar y ser consciente de las sensaciones corporales: una de las formas de practicar la meditación consciente es sentarse en una silla y respirar profundamente. Observa todas las sensaciones que sientes a partir de

ese momento. Observa el hormigueo de tus dedos de los pies o la tensión que sientes con los dedos. Tómate el tiempo para notar todas las sensaciones corporales que sientes desde la cabeza hasta los dedos de los pies. Fíjate en todos los sonidos, imágenes, olores y gustos. Etiquétalos y déjalos ir sin ningún juicio. Haz esto durante al menos cinco minutos al día. Puede ser un poco difícil al principio, pero una vez que aprendas a dominar tu mente, la atención plena será tu segunda naturaleza.

3. Técnica de meditación del corazón de la rosa: esta es una técnica de meditación de concentración básica que

practicaron los antiguos budistas. Para practicar esto, necesitas una rosa o cualquier flor. Siéntate en una silla cómoda y respira profundamente. Mira el centro o el corazón de la rosa. Enfoca tu atención en la flor, observa su color, textura, curvas y pétalos. Si tu mente comienza a divagar, etiqueta tus pensamientos y centra tu atención en la flor. Puedes hacer esto durante 5 minutos diarios durante la primera semana y luego aumentar su tiempo de meditación a 10 minutos diarios en la segunda semana. Esta técnica te ayudará a domar y controlar tu mente. Esta técnica te ayudará a estar más presente y consciente de tus pensamientos y acciones. Esta técnica hará que sea más fácil para ti reemplazar los pensamientos negativos con los positivos en el día a día.

Es mejor programar una alarma para que no tengas que mirar tu reloj de vez en cuando. También es genial meditar con un maestro o un ser querido. De esta manera, será más fácil para ti cumplir con tu compromiso de meditar regularmente.

Capítulo 5: Estrategias de meditación para el intermedio.

Por lo general, a los principiantes se les enseña a enfocarse y ser conscientes durante un corto período de tiempo, por ejemplo, de cinco a diez minutos. Los principiantes son introducidos a la atención plena y al control mental. Los practicantes intermedios, por otro lado, pueden practicar la concentración, el mantra y la meditación creativa durante períodos de tiempo más largos, por ejemplo, de veinte a treinta minutos. Puede parecer fácil, pero mantenerse enfocado en una sola cosa, frase o cierto aspecto de tu vida durante veinte o treinta minutos es bastante difícil. Esta es la razón por la que solo se aconseja a los practicantes intermedios practicar durante un período de tiempo más prolongado. Estas son algunas de las estrategias y técnicas de meditación que los practicantes intermedios pueden usar:

1. Práctica de atención plena para ser más consciente de tus emociones: otra técnica de meditación de atención plena que puedes practicar es prestar atención a todas las emociones que estás sintiendo en este momento. Esta es una técnica intermedia de atención plena. Para practicar esto, necesitas encontrar un rincón cómodo donde puedas meditar. Siéntate en una silla o en un cojín. Tómate tiempo para darte

cuenta de tus emociones. Etiqueta las emociones como "alegría", "tristeza", "ira" o "decepción". Recuerda etiquetarlas sin juzgar. No te juzgues por sentirte triste, enojado o decepcionado. Simplemente reconoce todos esos sentimientos y luego déjalo ir. Practica esto durante unos cinco minutos al día. Puedes practicar esta técnica si tus emociones son volátiles. Esta técnica te ayudará a controlar tus sentimientos y emociones. Te ayudará a estar más desapegado de tus emociones y sentimientos. Puedes practicar esto por 15 a 20 minutos diarios.

2. Técnica de Meditación de Control de

Antojos: esta técnica es para practicantes intermedios que han desarrollado suficiente autoconciencia y control sobre sus pensamientos. Esta técnica se usa con frecuencia en centros de rehabilitación o en grupos de apoyo a la adicción, como Alcohólicos Anónimos. Para hacer esto, necesitas sentarte en una silla cómoda y tomar conciencia de tus impulsos. ¿Tienes ganas de comer en exceso? ¿Tienes ganas de tomar bebidas alcohólicas? ¿Tienes ganas de tomar sustancias nocivas e ilegales? A medida que te vuelvas más consciente de los impulsos, etiquétalos y déjalos ir sin juicio. Reemplaza la necesidad o el deseo con el deseo de que desaparezca. Cada vez que surja un impulso dañino, reemplázalo con una afirmación de que el impulso disminuirá. Esta es una técnica muy poderosa que pueden usar las personas que luchan contra las adicciones al abuso de alcohol y sustancias. Esta técnica también es útil para aquellos que desean fortalecer su fuerza de voluntad y aumentar su susceptibilidad a las distracciones. Puedes practicar esto por 15 a 20 minutos diarios.

3. Imágenes guiadas: esta técnica de meditación también se denomina visualización guiada y los practicantes de yoga la practican con frecuencia después de realizar las asanas o el

componente físico del yoga. En las imágenes guiadas, normalmente practicas bajo la supervisión de un profesor de meditación o yoga que te indicará que visualices imágenes relajadas, como una luz blanca, una playa o un bosque. Las imágenes guiadas se basan en un concepto psicológico popular de que la mente y el cuerpo están profundamente conectados. Se basa en el hecho de que todo lo que imaginas es percibido por tu cuerpo como real. Una de las técnicas de visualización más básicas que utilizan los psicólogos y los médicos para ilustrar este punto es imaginar una naranja en detalle: su color, textura, piel y olor. Los médicos te pedirán que huelas y pruebes la naranja en tu mente. Si haces esto, notarás que sentirás la sensación de hormigueo exacto que sentirás al comer una naranja real. Esta es una evidencia concreta de que tu cuerpo percibe algo que se imagina como real. Las imágenes guiadas se utilizan principalmente para aliviar el estrés y relajar el cuerpo. Esta técnica de meditación también es utilizada por muchos practicantes de la ley de atracción.

4. Meditación Mantra - Hay muchos tipos de meditación mantra. Uno de los tipos más populares es la Meditación Trascendental, practicada por muchas

celebridades y empresarios exitosos. Para practicar esta técnica, siéntate en una silla cómoda o en un cojín. Cierra los ojos y respira hondo. Enfócate en tu respiración inicialmente y luego comienza a cantar un mantra en tu mente. Podrías repetir la palabra "amor" o "paz". Muchos practicantes de meditación intermedios cantan las palabras en sánscrito "Baba NamKevalam" que significa "El amor es todo lo que hay". Al hacer esta técnica, debes concentrarte únicamente en el mantra. Si tu mente comienza a divagar y empiezas a pensar en cosas triviales, vuelve a centrarte en tu mantra. Cuando estés por terminar la sesión, di una pequeña oración de gratitud. Los practicantes de meditación intermedia pueden practicar esto por 20 minutos dos veces al día.

Estas técnicas generalmente son seguras y los estudios muestran que estas técnicas no tienen ningún efecto psicológico, mental o físico. Pueden practicarse en tu casa, en un estudio de yoga, en la playa o en su jardín.

Capítulo 6: Estrategias para el maestro de la meditación.

Mientras que las técnicas de meditación más básicas e intermedias se centran en relajar el cuerpo, calmar la mente y aumentar la autoconciencia, las técnicas avanzadas de meditación tienen como objetivo alcanzar la alegría, la paz, las capacidades psíquicas y de curación, y la unidad con lo Divino.

Estas técnicas las practican generalmente los maestros de la meditación, como los monjes, los místicos espirituales y los practicantes de meditación experimentados. Estos maestros de meditación pueden concentrarse y enfocarse en una cosa durante horas. Algunos maestros de la meditación, incluso adquieren habilidades psíquicas y sobrehumanas hasta el punto de que levitan. Los maestros de meditación a menudo practican la meditación durante al menos cuatro horas al día.

Recuerda que antes de practicar cualquier técnica de meditación avanzada, debes limpiar tu cuerpo de la energía mala y negativa. Una forma de hacer esto es realizar asanas o posturas de yoga. También puede hacer ejercicios básicos como estiramientos, sentadillas, taichi o aeróbicos ligeros.

Aquí hay algunas estrategias y técnicas avanzadas de meditación:

1. Meditación Kundalini: la meditación

Kundalini tiene como objetivo despertar la Kundalinienergia, que se encuentra en la base de la columna vertebral. Kundalini es la última fuente de creatividad. Una vez que despiertes el Kundalini, te volverás más creativo y productivo y es más probable que comiencestu viaje hacia la auto actualización. La meditación Kundalini puede ser peligrosa si no se practica correctamente. Siempre es mejor practicar la meditación Kundalini con un maestro o un compañero. Para realizar la meditación Kundalini, necesitas sentarte cómodamente en una posición de loto o de medio loto, asegúrate de que tu espalda esté en posición vertical. Cierra los ojos y canta el mantra "OngNamoGuruDevNamo" tres veces. Este mantra significa "Prometo a lo Divino dentro de mí". Después de cantar, respira profundamente y concéntrate en tu respiración. Ahora, imagina respirar desde tu columna vertebral y mientras respiras, imagina que una energía desde la columna vertebral se eleva hasta que sube a tu cabeza. Continúa haciendo esto durante 15 a 20 minutos. Si tu cabeza se siente pesada, significa que tu energía kundalini ya está despierta. Después de treinta minutos, reza una breve oración de gratitud.

2. Meditación de la risa: la meditación de la risa es una de las técnicas de

meditación avanzada más fáciles, sin embargo, necesitarás tener una concentración fuerte y habilidades de control mental para poder hacer esto. No es fácil reírse sin ninguna provocación. Este tipo de meditación se suele utilizar para curar la ansiedad y el estrés. Incluso se utiliza para curar la depresión. Antes de comenzar con la meditación de la risa, necesitas estirarte. Juntatus manos y elevatus brazos por encima de su cabeza. Afloja tus músculos faciales haciendo algunos ejercicios faciales. Cuando estés listo, siéntate y sonríe. Amplía tu sonrisa y empieza a reír. No pienses en nada gracioso, solo ríete sin provocación. Tienes que profundizar tu risa y asegurarte de que provenga de tu vientre. Se consciente de tu risa y simplemente disfruta el momento. Puedes hacer esto por 10 minutos. Entonces, deja de reír y cierra los ojos. Enfócate en tus sensaciones. ¿Cómo te sientes? Vacía tus pensamientos y solo piensa en tus emociones y tus sentimientos. Deja ir todos los juicios. Continúa intensificando tus sentidos y experimenta cada respiración, cada movimiento de tu dedo, siente el viento contra tu piel y huele la fragancia de tu habitación. Haz esto durante 10 a 15 minutos. Practica la meditación de la risa diariamente durante treinta días y verás mejoras significativas en tus emociones, sentimientos y tu vida en general.

3. Técnica de meditación del sello del corazón: esta técnica te permite estar en unión con tu yo cristalizado. Cuando cristalizas tu Ser, separas tu ego de tu Ser y abres el centro de tu corazón. Cuando te cristalizas en tu Ser, te vuelves uno con el Divino que vive dentro de ti. Para practicar la meditación del sello del corazón, necesitas sentarte en una posición de loto o mitad de loto. Cierra los ojos y cambia tu atención a ese espacio entre tus cejas. Cruzatus manos sobre el corazón que se encuentra en el centro de tu pecho. Siente suavemente el latido de tu corazón. Haz una lista de tu

pecho y canta "Humee HumBrahmHum" en voz alta y de manera rítmica. Concéntrate en el momento y elimina los pensamientos que entran en tu mente. Esta práctica tiene como objetivo vaciar tu mente y volverte uno con lo Divino dentro de ti. Haz esto durante treinta minutos o, si puedes, incluso durante una hora. Antes de terminar la sesión, di una pequeña oración de gratitud. Bendícete a ti mismo, a tus seres queridos, a tus amigos e incluso a tus enemigos. Practica esto a diario para lograr la alegría, practica la compasión y logra una comprensión superior. Como la técnica de meditación más avanzada, debes realizar ejercicios físicos antes de comenzar cada sesión de meditación.

Las técnicas avanzadas de meditación apuntan a mejorar tu concentración y lograr una mayor conciencia. La meditación avanzada puede ayudarte a mejorar tus relaciones y lograr la satisfacción y la felicidad. La mayoría de los practicantes de meditación experimentados ya han alcanzado una conciencia superior y han logrado la supremacía y el control sobre sus mentes. Tienen una fuerza mental superior y algunos incluso pueden leer las mentes y perfilar a las personas con solo una mirada. Más importante aún, los practicantes de meditación avanzada y los místicos alcanzan el estado de felicidad donde podrían ser felices, incluso sin razón aparente.

Capítulo 7: Técnicas para simplificar tu vida y estar más satisfechos

Cuando practicas meditación, a menudo, tu mente queda libre de desorden y tu vida se vuelve más simple y menos complicada. Estas son algunas de las otras formas de ser más completo:

1. Elimina todo el desorden - La meditación despeja el desorden en tu mente, pero para vivir una vida más simple, también necesitas despejar el desorden a tu alrededor. El desorden es una fuente importante de estrés y ansiedad. Cuando tu vida está libre de desorden, tu mente también lo está.

2. Simplificatu definición de éxito: si solo

te considerarías exitoso cuando te conviertas en multimillonario, nunca serás feliz. Haz tu definición de éxito más realista y menos materialista.

3. Vive dentro de tus posibilidades: la meditación ayuda a controlar los deseos y las necesidades y te ayuda a vivir dentro de tus posibilidades. Si no vives dentro de tus posibilidades, tendrás deudas y puedes causar mucho estrés en tu vida. No te arruines tratando de impresionar a otras personas.

4. Internaliza el concepto de suficiente: la meditación te ayuda a sentirte más contento contigo mismo y con tu vida.

También puedes fortalecer esta habilidad aprendiendo el verdadero significado de "suficiente". No aspires demasiado a cosasquerealmente no necesites.

5. Perdonar: la meditación te ayuda a estar más abierto al perdón. Para hacer que tu vida sea más plena y menos complicada, debes dejar de lado todos los rencores que tienes en tu corazón. Recuerda que cuando perdonas, tu vida es más feliz y más plena.

6. Séde mente abierta: tu vida es más interesante y placentera si mantienes una mente abierta. Considera los puntos de vista y las opiniones de otras

personas porque tal vez tengan razón.

7. Aprende a delegar - No seas un fanático del control. Confía en otras personas para que hagan cosas por ti. Te hará la vida mucho más fácil.

8. Sonríe: ningún dolor o estrés es lo suficientemente poderoso como para resistir una sonrisa. Cuando aprendas a dejar de lado las pequeñas cosas y solo sonríes, tu vida se vuelve más simple y mejor.

Capítulo 8: Cómo aumentar la espiritualidad a través de la meditación y la atención plena para estar cerca de tu creador

Uno de los muchos beneficios de la meditación es el aumento de la espiritualidad. Cuando practicas regularmente la atención plena, la concentración y la meditación, te acercas más a lo Divino y al Creador.

Aquí hay una técnica de meditación que puedes hacer para intimar más con el creador:

1. Siéntate en una posición cómoda y cierra los ojos.
2. Respira hondo varias veces, inhala por la nariz y exhala por la boca.
3. Convoca al Creador diciendo una

pequeña oración de gratitud.
4. Di "Dios" mientras inhalas y exhalas. Si tu mente comienza a divagar, vuelve a concentrarte en la palabra "Dios". Hazesto,durante 10 a 15 minutos.
5. Cierratu sesión de meditación con una breve oración de gratitud.
6. Practicaesto diariamente.

Recuerda que la oración es una de las formas populares de meditación. Cuando rezas al Divino y al Creador, no uses un modelo y no pidas cosas. Asegúrate de que el tono de tu oración sea conversacional. Esta práctica te ayudará a estar más cerca del Poder Divino.

La atención plena es también otro tipo de

meditación que te acerca a lo Divino. Cuando practicas la atención plena y vives el momento, puedes notar cosas que has dado por sentado, como el aire que respiras, las hermosas flores de tu jardín y las otras cosas y personas con las que has sido bendecido. Cuando practicas la atención plena y vives el momento, a menudo te maravillas de lo maravilloso que es el creador y, como resultado, te acercas más a lo Divino.

Capítulo 9: Consejos para calmar la mente y disfrutar de vivir en el presente

Aparte de la meditación sentada habitual, hay otras formas y técnicas que pueden complementar tu práctica de meditación para ayudarte a aquietar tu mente y simplemente disfrutar el momento. Estos son algunos de los consejos sobre cómo tranquilizar tu mente y vivir el momento.

1. Practica la meditación caminando: la meditación caminando es una fusión de movimiento y meditación de atención plena. Cuando practicas la meditación caminando, te concentras en la respiración y en los pasos mientras disfrutas y aprecias la vista de vez en cuando. La meditación caminando es una manera muy efectiva de despejar

tu mente del parloteo y las preocupaciones. Te ayuda a vivir el momento.

2. Intenta intimar con tus pensamientos y déjalos saber. La mayoría de nosotros simplemente dejamos que nuestros pensamientos fluyan dentro y fuera de nuestro cerebro sin ni siquiera estar conscientes de ellos. Como resultado, tu mente está llena de preocupaciones y pensamientos destructivos. Ten en cuenta tus pensamientos. Reserva un momento de tu día en el que solo te sientes y te concentres en tu respiración y practica las técnicas básicas de atención plena que hemos analizado en los capítulos anteriores.

Reconoce cada pensamiento que ingrese a tu mente sin juzgar y luego vuelve a concentrarse en tu respiración.

3. Toma descansos mentales: todos los días, mientras estás en la oficina o en la escuela, tómate un tiempo para tranquilizar tu mente y dejar que esta se relaje y descanse. Tómate el tiempo para sentarte en tu escritorio sin hacer nada o dar un paseo rápido por el vecindario durante tu pausa para el café.

4. Deja de pensar: una de las técnicas más avanzadas para calmar la mente es vaciarla por completo. Esto significa que tienes que detener un

pensamiento antes de que entre en la mente. También significa que debes censurar tus pensamientos regularmente antes de que tus pensamientos te controlen. Esta técnica solo puede ser practicada por personas que han adquirido una fuerza mental superior a través de la práctica diaria de meditación.

No vivas como si estuvieras flotando por la vida. No te detengas en el pasado ni te preocupes demasiado por el futuro. Cuando aquietes tu mente, podrás disfrutar el momento.

Capítulo 10: Consejos para aumentar la positividad y la perspectiva general emocional y espiritual de la vida

Cuando tienes una perspectiva positiva en la vida, te vuelves más feliz y más contento. Cuando tienes una perspectiva más positiva en la vida, te conviertes en un rayo de sol para las personas que te conocen, y tu vida y tus relaciones generalmente son más ligeras, más felices y más satisfactorias. Aquí hay algunos consejos sobre cómo volverse más positivo, compasivo, emocionalmente solidario y más espiritual:

1. Observa la regla de oro: siempre trata a las demás personas de la forma en que deseas que te traten. Recuerda que

Dios está dentro de todos nosotros. Nuestros cuerpos son el templo de lo Divino, así que, hagas lo que hagas a tus semejantes, lo haces a tu Creador. Sé amable y comprensivo. Recuerda siempre que la mayoría de nosotros estamos peleando una batalla, así que sé considerado.

2.

Vive el momento: no pases tanto tiempo llorando sobre la leche derramada. Deja ir tus errores pasados y tus arrepentimientos. Es importante simplemente disfrutar del presente en el momento.

3. Se agradecido: la gratitud es una práctica muy poderosa que traerá tanta

felicidad a tu vida. Cuando te enfocas en tus bendiciones, te acercas más a Dios y es más fácil para ti adoptar una perspectiva más positiva.

4. Deja de compararte con los demás: todos luchan en diferentes batallas. Todos tenemos diferentes cruces que cargar, así que deja de comparar tu vida con la de otras personas. La comparación constante solo tecausaráinfelicidad y descontento.

5. Visualiza: cuando visualizas, te concentras en lo que quieres y no en lo que no quieres. Esto te ayudará a relajarte y sentirte bien. Además, esta actividad tiene un poder comprobado

para brindarte lo que quieras de la vida.

6. Ríete a menudo: mira películas divertidas o clips de YouTube, bromea con frecuencia y recuerda momentos divertidos. Cuando te ríes más, te vuelves más feliz y más positivo.

7. Tranquilidad, calma y positividad deben ser tu segunda naturaleza. Cuando practicas meditación y otras actividades que te ayuden a disfrutar el momento, definitivamente vivirás una vida mejor.

Conclusión

¡Gracias de nuevo por comprar este libro sobre meditación y otras técnicas para vivir una vida más simple y positiva!

Estoy sumamente emocionado de pasarte esta información, y estoy muy feliz de que ahora hayas leído y espero que puedas implementar estas estrategias en el futuro.

Espero que este libro haya sido capaz de ayudarte a comprender las técnicas de meditación básicas, intermedias y avanzadas y cómo aplicarlas en tu vida.

¡El siguiente paso es comenzar a utilizar esta información y, con suerte, vivir una vida más pacífica, más feliz y más satisfactoria!

¡No seas alguien que solo lea esta información y no la apliques, las estrategias en este libro solo te beneficiarán si las usas!

Si conoces a alguien más que pueda beneficiarse de la información que se presenta aquí, infórmale sobre este libro.

Finalmente, si disfrutaste de este libro y sientes que has agregado valor a tu vida de alguna manera, tómate el tiempo para compartir tus pensamientos y publicar un comentario en Amazon. ¡Sería muy apreciado!

¡Gracias y buena suerte!

Parte 2

Capítulo 1

Percibiendo la Meditación

Antes de entrar a discutir cómo puedes utilizar la meditación y las diferentes técnicas que esta tiene, empezaremos primero entendiendo qué es.

Entendiendo la meditación

La meditación es simplemente un estado de conciencia irreflexiva. La mayoría de la gente cree que la meditación es un acto, pero es en su lugar un estado. Esto explica porque una persona puede estar sentada en la posición del loto y estar lejos de meditar, mientras que otra puede estar a haciendo varias tareas y estar a la vez en un estado de meditación.

La meditación es usualmente catalogada como un hábito esencial para obtener el control sobre el estrés y vivir una vida mucho más feliz. ¿Entonces cómo la meditación hace posible que el estrés, la ansiedad, y la depresión se vayan? Veámoslo:

Cómo funciona la meditación

Para resumir; la meditación nos permite movernos desde las ondas cerebrales de alta frecuencia hacia las ondas de baja frecuencia; así logrando calmar la mente. ¿Cómo hace esto? Déjame explicarlo:

Existen cinco tipos principales de ondas cerebrales, donde cada una de estas corresponde a los diferentes tipos de actividades que hacemos. Cuanto más lenta es la longitud de la onda, es más el tiempo que pasa entre pensamientos; por lo tanto, esto te da la oportunidad de elegir habilidosamente en cuáles pensamientos te quieres enfocar o incluso si es que quieres concentrarte en alguno.

Los cinco estados son los siguientes:

1. **Estado Gama** – Este es el estado de hiperactividad y aprendizaje dinámico en el cerebro. Si se sobre estimula puede desencadenar ansiedad.
2. **Estado Beta** – Este es en el cual estamos la mayor parte del día. Está asociado al estado de alerta mental en el que nos encontramos cuando estamos trabajando, pensando,

analizando, planeando, evaluando y clasificando.
3. **Estado Alfa** – En este estado es donde las ondas cerebrales empiezan a ralentizarse. Te sientes calmado; más pacífico y estable. Cualquier actividad como una clase de yoga, una caminata por el bosque, tiempo de calidad o alguna actividad que ayude a relajar el cuerpo y la mente puede ser atribuida a este estado. Podrás ver como te sentirás más alerta, más perceptivo y mucho más en armonía cuando estás en este estado.
4. **Estado Theta** – Este es la transición de la mente pensante a la mente meditativa. Este estado te dota de una más fuerte intuición y mayor capacidad para resolver problemas complicados. Este es el estado asociado con lo que se llama "el tercer ojo", y cuando tus ondas cerebrales llegan a este estado la visualización de objetos se vuelve super-fácil.
5. **Estado Delta** – Es el último estado ocurre mientras duermes sin soñar.

Durante una sesión de meditación exitosa, una persona normal empieza en un estado beta (Pensando), y luego experimente más alfa, seguido por theta y delta – el nivel más profundo. Cuando la meditación finaliza, el proceso invertido tiene lugar, trayendo a la persona de vuelta a las ondas beta sintiéndose despierta y refrescada, en ocasiones con nuevas percepciones.

Ahora que sabes cómo funciona la meditación, empezaremos a descubrir por qué la necesitas en tu vida.

Capítulo 2

Por qué deberías considerar la meditación

La meditación ofrece numerosos beneficios que pueden mejorar tu calidad de vida. Aquí puedes ver las razones por la cuales deberías considerar meditar:

La meditación contrarresta la negatividad

La clave para contrarrestar la negatividad es "mantenerse en el presente" y la meditación puede ayudarte a lograrlo. Esta te ayuda a separarte de tu pasado, del futuro y de los pensamientos destructivos que te hacen olvidar el presente. Una vez que reconoces el presente como la oportunidad que es, te darás cuenta de lo que te has estado perdiendo y ahorras el tiempo que gastas pensando en un pasado del que te arrepientes o un futuro del que te preocupas.

La meditación hace esto silenciando tu mente por un rato e induce tranquilidad. Cuando tu mente se calla, dejas de pensar negativamente y te vuelves más alerta y prevenida. Entonces eres tú quien controla tus pensamientos, separando los que valen la pena ponderar sobre los que únicamente hacen ruido.

Si continúas practicando, es probable que reducir cuan frecuente piensas negativamente y en lugar de ello podrás acoger una mente positiva. Con el tiempo, conseguirás un excelente control sobre tus pensamientos y conscientemente decidirás que es lo que vas a pensar.

Combate y elimina el estrés, la ansiedad y la depresión

Sucumbes a cosas como el estrés crónico, ansiedad y la depresión porque estás mantienes tu mente con pensamientos negativos y dejas que esos pensamientos destructivos se queden ahí. Sin embargo, la meditación te ofrece una salida a estas condiciones en las que te encuentras bajando el nivel de tus ondas cerebrales, haciéndolas más lentas, entonces se vuelve más fácil para ti localizar los pensamientos nocivos y de la misma manera eliminarlos de tu mente. Un estudio publicado en el Diario Internacional de Medicina (JAMA por sus siglas en inglés) mostró que la meditación es de verdad un potente método para reducir la ansiedad y el estrés y deshacerse de ellos de una vez por todas.

Mejora tu bienestar emocional y psicológico

Naturalmente, cuando de deshaces de la ansiedad y los pensamientos que desencadenan la negatividad de tu mente, te vuelves más calmado que antes y mejora tu nivel de felicidad. Además, investigadores del bien conocido Instituto Ludwig Boltzmann de Neuroquímica en Austria descubrieron que realizar meditación regularmente incremente los niveles de serotonina, también llamada dentro de tu cuerpo la hormona de la felicidad. Por lo tanto, la meditación de verdad mejora tu bienestar emocional y psicológico.

Te ayuda a alcanzar tu máximo potencial

Esto puede sonar raro para ti, pero de hecho es verdad. Cuando tratando con ansiedad, estrés y depresión, es difícil explorarte a ti mismo mejor y darte cuenta de tu máximo potencial y muchos menos alcanzarlo. Sin embargo, cuando aprender a analizar tus pensamientos y a ti mismo con meditación, mejoras en percibir lo que está dentro tuya y a entender cuáles son tus talentos. Lentamente, con la ayuda del pensamiento positivo desarrollado gracias a la meditación, serás capaz de ser la mejor versión de ti mismo. Muchos estudios respaldan esta teoría y prueban que la meditación puede mejorar tu concentración y con una mejor concentración puedes trabajar enfocándote en alcanzar tus sueños y metas y ser exitoso.

Mejora tu salud

Meditando ralentizas tus ondas cerebrales, bajas la presión sanguínea, también reduces la ansiedad y el estrés. Otras formas en las que la meditación puede mejorar tu salud son:

- Tu inmunidad es mucho más poderosa cuando estás sano, emocional y psicológicamente. La depresión afecta negativamente tu sangre y causa retrasos en sanar o empeoramiento de problemas de salud. Basado en evidencia clínica, prácticas de meditación han sido reportadas como causantes de la mejora de funciones y reducción de síntomas en pacientes con problemas neuronales, psicológicos y desordenes cardiacos.

- Investigaciones preliminares han mostrado que practicando una meditación con plena concentración incrementa los niveles de melatonina, lo que te permite dormir mejor. Estos mismos resultados también sugieren que la meditación juega un papel crucial en la prevención y posibles tratamientos del cáncer de mama y próstata.
- La meditación también es efectiva tratando dolor crónico. Estudios reales han mostrado que esta práctica reduce los síntomas del dolor en general y también del dolor causado por ingerir drogas. En un estudio que fue seguido por 4 años, la mayoría de los pacientes reportaron "una mejora moderada o muy buena" en cuanto al dolor por la práctica de la meditación.
- En 1998, un estudio conducido en 37

pacientes que padecían de psoriasis mostró que los pacientes que realizaban una meditación con plena concentración, la piel se aclaraba mucho más rápido con el tratamiento de luz UV (Ultravioleta) que los sujetos con los que solo se realizaba el control.

Ahora sabes cuan beneficiosa puede ser la meditación, ahora empecemos a mirar los diferentes tipos de meditación y como realmente meditar.

Capítulo 3

Diferentes tipos de meditación

Aquí están las diferentes técnicas de meditación que son comúnmente practicadas alrededor del mundo.

Meditación trascendental

Los orígenes de esta meditación nos llevan hasta la védica tradición de la India. Cuando se está realizando este tipo de meditación, te sientas con los ojos cerrados y te concentras en una única sílaba o mantra (palabra) por alrededor de 20 minutos. Puedes aumentarlo o disminuirlo dependiendo de lo que encuentres adecuado para ti. Para principiantes, lo mejor es empezar con 5-10 minutos al día y gradualmente incrementar la duración de esta.

Cuando empiezas a tener pensamientos o sentimientos que puedan ser una distracción, vuelve a poner toda tu atención en tu mantra. Con el tiempo, encontraras que te es más fácil mantenerte concentrado durante periodos más largos y evadir pensamientos que ocasionan distracción.

Hay muchas maneras de practicar la meditación trascendental. Examinemos las distintas formas:

Meditación Zen (Zazen)

Zazen o la meditación sentada es un tipo de meditación bastante popular. Es mencionado como el corazón del budismo Zen y permite que te explores y entiendas mejor a ti mismo. Así es como se practica esta técnica.

1. Siéntate en el suelo sobre una colchoneta o un cojín, con las piernas cruzadas y asegúrate que tu postura es totalmente recta. Si cruzas ambas piernas (Posición del Loto) se te dificulta, puedes cruzar una pierna sobre la otra (Media posición del Loto) o incluso simplemente extiende tus piernas en frente de ti y relájate. Las siguientes imágenes muestran ambas poses respectivamente.

Posición del Loto

Media posición del Loto

1. Cierra la boca y mira a unos 60-90 centímetros en frente tuya.
2. Enfoca toda tu atención en tu respiración, contándola. Haz una cuenta regresiva y

una vez que llegues a 1, vuelve a empezar desde 10 nuevamente.
3. Intenta estar viviendo el momento presente en el tanto como te sea posible, siendo consciente de las cosas y observando qué pasa por tu mente sin morar nada en particular.
4. Si tus pensamientos empiezan a vagar, gentilmente regrésalos a tu respiración.

Cuando empiezas a practicar este tipo de meditación te distraerás fácilmente, pero se paciente y continúa concentrándote en tu respiración. Con el tiempo, tu concentración mejorará haciendo más fácil que te calmes. Como esto sucede, empezarás a ganar una mejor percepción de quién eres y por qué piensas en cierta forma la cual te ayudará más adelante a discernir los pensamientos positivos de los negativos y eliminar estos últimos de tu mente.

Idoneidad

Zazen es un estado muy moderado con mucho énfasis con mantenerte en la postura correcta, como un objetivo para la concentración. Usualmente es practicada en centros Budistas Zen con un gran apoyo por parte de su comunidad. Además, te será más conveniente si te inclinas más por el budismo y prefieres tipos moderados de técnicas de meditación.

Meditación del amor universal

También conocida como "meditación metta", esta práctica meditativa apunta a esparcir amor hacia todas las personas alrededor tuyo y en el mundo para así hacer del mundo un mejor y pacifico lugar para todos.

Para practicarla, deberás sentarte en el suelo con los ojos cerrados y empezar a generar sentimientos de gentileza y compasión en tu corazón y mente. Empieza por asimilarlos hacia ti mismo primero y luego procede a hacerlo hacia los otros y a todos los seres alrededor. Por ejemplo, empieza por pensar cosas buenas de ti mismo. Puedes pensar en lo bien que te ves o en lo generoso que eres. Este tipo de pensamientos hace que seas compasivo contigo mismo. Esto es muy importante dado que, si no te amas a ti mismo, amar a otros será muy difícil. Además, empieza por ser amable contigo y entonces poco a poco ve pensando en las otras personas que están alrededor tuyo quienes quieres que sean felices, digamos tus padres, abuelos o cualquier familiar. Después, piensa en el mundo entero y simplemente envía amor allá, hacia el universo usando tus pensamientos-

Idoneidad

Es útil tanto para las personas con baja autoestima como para las egocéntricas o narcisistas, incrementa tu nivel general de felicidad y sirve como antídoto para el insomnio, las pesadillas y problemas de ira.

Meditación de mantra

Un mantra es una simple silaba o palabra que no tiene ningún significado en particular, y que tú repites para enfocar tu mente. Los mantras son principalmente usados en tradiciones budistas e hinduistas. En esta meditación cantas esa cierta palabra y te concentras en ella para meditar.

Para hacer uso de esta meditación siéntate con tu columna derecha y los ojos cerrados. Escoge cualquier palabra o mantra que quieras para concentrarte, como "amor", "paz", "soy un campeón" o cualquier afirmación positiva de ese tipo y repite ese mantra en tu mente, silenciosamente una y otra vez durante toda la sesión.

Puedes practicarla por un cierto periodo de tiempo o colocar un número de "repeticiones" – convencionalmente 108 o 1008. En cuestión de minutos verás que te encontrarás más calmado que antes, lo cual ayuda a relajarte.

Idoneidad

La mayor parte de la gente considera más fácil concentrarse en un mantra que en su respiración. Por consiguiente, si sientes lo mismo, esta meditación es apropiada para ti. Es muy útil si usualmente tienes la mente ocupada con muchos pensamientos.

Como adición a la meditación trascendental, la meditación de concentración plena es otro tipo de práctica meditativa brillante y comúnmente practicada. Veamos qué es y cómo se práctica.

Meditación de concentración plena

Esta meditación es popularmente practicada alrededor del globo y es bastante popular en los países occidentales. Derivada de la meditación budista tradicional y refiere a un estado donde tu atención no está enfocada en nada en particular, sino en si misma; silenciosamente, vacía, y quieta. Esto se conoce mejor como "conciencia sin elección".

En una sesión formal, te sientas con tu espalda recta y tus ojos cerrados, concentrando tu atención en tu respiración por unos 30-60 minutos a la vez, al menos una vez al día. Un ejemplo perfecto de la conciencia sin elección formal es la meditación Vipassana que discutiremos en breve. Como adición a la meditación de concentración plena, también existe una forma informal para realizarla.

La concentración pena de forma informal, acarrea concientización de casi todas y cada una de las actividades que realizas en tu vida diaria. Pensamientos vagos son fácilmente percibidos sin ningún tipo de resistencia o reacción. Una excelente forma de hacer esta meditación es practicándola de forma causal, de la cual hablaremos más adelante.

Mira cómo puedes practicarlas ambas, Vipassana y la meditación de concentración plena.

Meditación Vipassana

1. Empieza por escoger un lugar pacifico, silencioso y libre de cualquier tipo de distracción.
2. Siéntate de una forma en la que este cómodo, las caderas inclinadas hacia adelante para dale un mejor levantamiento a tu columna, lo cual hará más fácil que mantengas tu espalda recta.
3. Lleva tu atención a cómo se siente cuando el aire se mueve dentro y fuera de tus fosas nasales. Te podrás sentir

tentado a cambiar tu patrón de respiración mientras monitoreas esto; sin embargo, intenta no hacerlo, solo observa tu respiración, sea cual sea. Si no eres capaz de encontrar ninguna sensación, probablemente empieces a sentirte irritado. De este modo, puedes concéntrate en tus sentimientos de frustración por un pequeño periodo de tiempo antes de volver a llevar tu atención a tu inhalaciones y exhalaciones. Deber ser paciente, dado que las sensaciones están ahí; es simplemente que tu cerebro puede no tener los circuitos correctos aún. Puedes también enfocarte en tus movimientos abdominales.

4. Tu mente querrá desviarse de tu centro de atención y tu trabajo no es evitar que esto ocurra, pero sí traerla de vuelta.
5. Gradualmente mueve tu atención de tu respiración hacia la corona de tu cabeza y concéntrate en las diferentes sensaciones que ocurren mientras haces eso. Mueve hacia abajo todo tu

cuerpo, sin prisa y por partes, una a la vez asegurándote de que mantienes la calma y una actitud neutral hacia cualquier pensamiento que tengas. Es importante que te mantengas neutral y no juzgues ninguna sensación que experimentes.
6. Repite los pasos mostrados anteriormente desde el momento que empieces a concentrarte en tu respiración hasta que muevas esa concentración a la punta de tu cabeza. Un único cambio de concentración desde tu cabeza hasta tus pulgares puede tomar entre 10-15 minutos, pero también puede tomar un tiempo tan corto como una única respiración una vez que lo has convertido en un hábito.

Te tomará unos cuantos días para que empieces a disfrutar de esta práctica tan beneficiosa. Se paciente y sigue practicando.

Idoneidad

Vipassana te ayuda a adentrarte a ti mismo en tu cuerpo y entender cómo funciona tu mente. Es un estilo de meditación muy popular que no requiere ninguna formalidad o ritual antes de practicarla. Si eres nuevo en el mundo de la meditación, los estilos Vipassana o la de concentración plena son apropiadas para empezar.

Meditación de concentración plena de forma causal

Esta meditación lentamente te ayuda a volverte consiente de cada una de las actividades que realizas con tal de que tus pensamientos se mantengan en el momento presente 24/7 y que no caigas presa de la negatividad.

Como mencionamos antes, estar consiente es estar en el presente en todo momento y reconocer si es preferible ser consumido por tus pensamientos negativos relacionados con tu pasado o futuro.

Por ejemplo, si estás hablando, estar consiente te ayuda a poner atención a las palabras que salen de tu boca, como las dices y a estar involucrado en el acto del habla. Si estás caminando, estar completamente consiente te permite estar más atento de cómo se mueve tu cuerpo, cómo tus pies tocan el suelo y de todo lo que haces mientras caminas. Así es como se puede incorporar el estado de conciencia a tu vida diaria:

1. Estar sentado en cualquier lugar silencioso libre de cualquier distracción.
2. Concéntrate en tu respiración y capta tu inhalación y exhalación con cada respiración. Es importante remarcarlo simplemente observando tu respiración, estarás totalmente consiente. Puedes incluso observar tu respiración por la sesión entera.
3. Mientras meditas, asegúrate de recordarte que tú tienes el poder y el control sobre los pensamientos y emociones que eliges tener. Cuando notes que estás teniendo ciertos tipos de pensamientos o emociones que no deseas tener, déjalos ir y elige no concentrarte en ellos.
4. En cualquier momento que te distraigas por tus pensamientos, por ruidos o cualquier cosa, simplemente vuelve a observar tus inhalaciones y exhalaciones. Cuando experimentes

emociones o pensamientos poco placenteros, lleva tu atención a tu respiración asegurándote que cuando te concentras en tu respiración, te estas concentrando en la neutralidad de la mente.

Mientras de vuelves mejor en esta práctica, poco a poco impleméntala a todo lo que haces incluyendo escribir, comer, caminar y en general a cualquier actividad que realices.

Idoneidad

Esta es la mejor técnica de meditación para empezar. Si tu objetivo es disfrutar de una transformación profunda y tener un desarrollo espiritual, la meditación de concentración plena puede ser solo el paso inicial para ti.

Meditación tipo Yoga

Yoga significa "unión" y es una técnica que combina ejercicio, respiración profunda y meditación. Yoga es originaria de la antigua India, pero ahora es practicada en todo el mundo. Hay muchos tipos de meditación tipo Yoga que son practicadas por todo el globo terráqueo, pero más abajo están las formas más fáciles para principiantes:

Meditación del Tercer ojo

Este tipo de meditación apunta a abrir tu tercer ojo o el chakra de tu frente, el cual es uno de los siete chakras o centros de energía de tu cuerpo. Los chakras son solo centros en nuestros cuerpos a través de los cuales la energía fluye. Cuando se práctica este tipo de meditación, tu atención es constantemente llevada al área que tienes entre tus cejas como una petición para silenciar tu mente. Aquí está cómo se práctica:

1. Siéntate en la posición del loto o extiende tus piernas si la posición del loto es difícil para ti. Asegúrate de que tu espalda está completamente recta.
2. Cierra tus ojos y entonces respira profundamente tanto hacia dentro como fuera.
3. Concéntrate en la mitad de tu frente, unos centímetros arriba del centro de tus ojos.
4. Mientras tus ojos permanecen

cerrados, apunta con ellos hacia este punto.
5. Lentamente, empieza a contar hacia atrás desde cien hasta uno en tu mente habiendo un lapso de unos dos segundos entre número y número. Mientras haces esto, mantén tus ojos apuntando hacia tu tercer ojo.
6. Si cualquier pensamiento te distrae, lo verás como un sueño. Alcanzar este estado puede llevarte unos días, así que se paciente. Si no entras a un estado de entresueño, estate calmado, está bien y sigue concentrándote en tu tercer ojo.
7. Estate en este estado por unos 10-15 minutos.
8. Ahora gradualmente retoma tu estado normal. Deja caer tus ojos y entonces liberaros de estar mirando tu tercer ojo haciéndolos retornar a su posición original de forma lenta. Deja que tus ojos vuelvan a ser libres y entonces mueve tu conciencia del tercer ojo.
9. Quédate quieto por unos minutos y permite que tus ojos mantengan sus movimientos normales. Respira hondo

tres veces y paulatinamente abre tus ojos para salir del estado de meditación.

Practicando este tipo de meditación diariamente por 15-20 minutos limpia tu chakra de la frente de bloqueos y restaura el balance de tu cuerpo haciéndote sentir en paz.

Meditación del sonido (Yoga Nada)

Esta meditación es otro tipo popular de yoga apropiado para principiantes. En la práctica, te concentras en el sonido. Empiezas a meditar concentrándote en "sonidos externos", como música lenta y calmada, entonces poco a poco redireccionas tu atención a únicamente escuchar los sonidos de tu mente.

Con el tiempo, entre más practiques, más empezarás a escuchar los "sonidos internos" de tu cuerpo y tu mente. Tu meta fundamental eses escuchar "el sonido", el cual es simplemente un sonido que no tiene vibración, y se manifiesta como "OM". Para practicar la meditación del sonido debes hacer lo siguiente:

1. Elige un lugar silencioso en tu hogar libre de cualquier tipo de distracción.
2. Escoge una colchoneta apropiada para sentarte mientras practicas yoga.
3. Siéntate en la colchoneta para yoga con las piernas cruzadas cómodamente.
4. Cierra tus ojos e intenta concéntrate en tu respiración. Inhala y exhala profundamente con tus manos sobre tus rodillas.
5. Para empezar la sesión, coloca música que consideres calmada y relajante. Elegir el tipo de música correcto es importante. Evita música estridente y opta por algún tipo de música instrumental sin letras ásperas.
6. Enfoca tu atención en la música e intenta sumergirte en ella.
7. Gradualmente lleva tu atención a la música, hacia tus sonidos internos.
8. Relaja tu cuerpo, mente y alma y deja tu cuerpo en un estado de meditación profunda.
9. Permanece en este estado tanto tiempo como quieras. No hay ningún tiempo determinado ni aconsejable

para este tipo de meditación. En poco tiempo te encontraras perdido en la música y estarás mucho más calmado que antes.

10. Para salir de este estado, abre tus ojos lentamente, abandona con tus manos el lugar donde se encuentran y colócalas en tus ojos para transferir la energía generada dentro de tu cuerpo.

Haz esta actividad todos los días para que disfrutes al máximo de los beneficios del Yoga Nada.

Idoneidad

Las prácticas meditativas de Yoga son geniales para tu cuerpo y si además disfrutas de escuchar música, estás dos prácticas mencionadas arriba son la elección correcta para ti.

Ahora veremos cómo puedes fácilmente practicar cualquier tipo de meditación que escojas y desarrollar un hábito para que las practiques regularmente.

Capítulo 4

Sentando las bases: Una selección de técnicas y empezando

Una vez que hayas escogido una técnica de meditación idónea para ti, el siguiente paso es practicarla, pero antes de que empieces necesitas saber unas cuantas cosas más:

Elige un buen lugar

Escoge un lugar silencioso donde no sea probable que te interrumpan. Un entorno callado, pacífico hará que la meditación sea más relajante, emocionante y disfrutable.

Escoge el momento correcto

La meditación es esencialmente un momento para relajarse; además deberías practicarla en momentos convenientes. Fíjate bien que cuando la practiques sea poco probable que te interrumpan y seas más libre de relajarte y disfrutar.

Los mejores momentos para practicarla es durante el amanecer y el atardecer mientras que la naturaleza cambia entre el día y la noche. Es importante mantener las prácticas regularmente y se puntual con el momento que elegiste. Por ejemplo, si haces Yoga Nada a las 5:30PM un día, intenta hacerlo un hábito.

Calentamiento

Unos pocos ejercicios para calentar antes de sentarte a meditar ayudan a mejorar la circulación, reduce la intranquilidad y hace que el cuerpo se sienta más ligero. Esto ayuda a que puedas permanecer sentado por más tiempo. Algunos ejercicios para esto incluyen trotar por unos 10 minutos, estirar tu cuerpo y saltar despacio.

Asegúrate de que mantienes la pose correcta

Siéntete relajado y cómodo. Siéntate derecho asegurándote de que tu columna esta derecha, tus hombros y cuello estén relajados y tus ojos cerrados durante la meditación.

Siéntate solo por dos minutos

Se verá fácil solo meditar dos minutos al día por una semana para empezar. Si eso va bien, puedes incrementar la duración de la meditación a 3 minutos y hacerlo por otra semana más. Si todo va bien, vuelve a incrementar el tiempo, y antes de que te des cuenta estarás meditando por 30 minutos.

Practicando respiración profunda

Práctica la "respiración de un minuto" para introducirla satisfactoriamente en cualquier técnica de meditación que elijas. Para hacerlo sigue estas técnicas de respiración por un minuto entero:
1. Respira hacia dentro profundamente desde tu abdomen por 5 segundos
2. Mantén tu respiración por 5 segundos
3. Exhala por 5 segundos
4. Mantén de nuevo por 5 segundos

Practica este patrón de respiración por un minuto al día para mejorar tu concentración mientras estás meditando. Asegúrate de hacer esto antes de empezar a meditar.

Cuenta tus respiraciones

Una vez que estás acostumbrado a tu práctica de meditación, concéntrate en tu respiración. Solo céntrate en cómo va hacia dentro de tu nariz y viaja todo el trayecto a tus pulmones. Puedes intentar contar "uno" cuando tomes tu primera respiración, entonces sigues cuentas "dos" cuando exhales. Repite esto hasta llegar a 10 y repítelo.

Sigue estos pasos y empieza a realizar la meditación que elegiste. Por ejemplo, si has elegido meditación Vipassana llévala como se mencionó antes después de contar tus respiraciones. Una vez que has meditado por un periodo de tiempo específico, digamos 15 minutos, lentamente trate a ti mismo al mundo del presente y date todo el tiempo que creas necesario para salir del estado de meditación. Levántate lentamente y sacude tus brazos y piernas gentilmente. Después de la práctica puedes hacer una oración de gratitud al universo por ayudarte a relajar y a salir de tu lugar de meditación.

Capítulo 5

Cómo hacer de la meditación un hábito diario

Para sacar lo mejor de la meditación es importante hacerla un hábito porque así la practicarás más, y entre más la practiques más la perfeccionarás y podrás disfrutar de los numerosos beneficios que la meditación ofrece. Sin embargo, mantenerte practicándola puede ser un reto al inicio. Aquí tienes algunas estrategias que te pueden ayudar a volverla un hábito satisfactoriamente:

Haz la meditación emocionante

Enfrentémoslo, si encuentras algo que es aburrido, será poco probable que lo frecuentes; lo mismo aplica para la meditación. Para eso intenta hacer de la meditación tan disfrutable para ti como te sea posible. Aquí hay unas cuantas cosas que puedes intentar:

- Enciende una vela aromática.
- Quema algo de incienso para hacer el lugar de meditación más especial.

- Pon sonidos de la naturaleza o música de meditación.
- Las flores pueden mejorar el ambiente y la experiencia. Cambiar tu ambiente puede traer una nueva realidad.

Adicionalmente, podrías empoderar el sonido de la música que estás escuchando y concentrarte en ella para meditar.

Encuentra una forma de hacerte responsable

Uno de los secretos para formar un hábito es ser responsable. Si quieres tener éxito desarrollando un hábito para meditar regularmente, crea una consecuencia para cada vez que no meditas en el momento que elegiste. También puedes buscar alguien con quien serás responsable. Como nosotros los humanos por naturaleza no nos gusta decepcionar a las personas, es más probable que seas más disciplinado si te comprometes con alguien.

Sigue tu progreso

Para meditar regularmente deberías seguir tu progreso.

- Tacha en tu calendario cada día que

medites.
- Ten un diario de meditación.
- Usa una aplicación para seguir tu proceso para alcanzar tus metas. Por ejemplo, puedes intentar con Coach.me

Prémiate

Todos amamos las recompensas; además, cuando sabes que te será dada una recompensa harás esa actividad sin fallar, aplícalo a la meditación. Algunas formas en las que te puedes premiar a ti mismo:

- Come una pieza de chocolate después de cada sesión de meditación (Si te gusta el chocolate)
- Cambia la música a tu canción favorita y báilala después de cada sesión
- Come tu postre favorito
- Sal a algún lugar emocionante que te guste

Estos son solo algunas de las formas en las que puedes recompensar. Se creativo y encuentra la recompensa perfecta que te siga motivando a meditar.

Profesor y rendir cuentas

Una pregunta que por lo general sale a la luz cuando alguien empieza a meditar es, ¿necesito un profesor o tal vez una guía? Dicho esto, hay muchos gurús que se autodenominan expertos en meditación y quizá algunos lo sean. La cuestión es, ¿quién le enseñó al primer instructor? Estas preguntas se vuelcan en cuatro grupos diferentes. El primer instructor fue iluminado por dios, y luego tradujo esta información a muchas personas. El segundo grupo que encuentra su camino de la meditación dice que no puedes encontrar la respuesta hasta haber estudiado, con un maestro de algún tipo, por muchos años. En el tercer grupo de personas, estas aspiran el objetivo de la iluminación y eventualmente se enfadan; creen que crecen, no obstante, las respuestas que buscan son todas externas y no llenan la taza vacía. El cuarto grupo, empírico, de gente en la tierra cree que se necesita mucho tiempo para que un individuo pueda acabar el proceso de iluminación. Todo esto preocupa en muchas formas, pero tomaré esto de una manera en que la meditación y la espiritualidad son un proceso de crecimiento interno y nosotros como personas de este planeta podemos cambiar para mejor si confiamos ciegamente en este proceso asombrosamente maravilloso. Mirar hacia el interior es la única manera de acabar con el sufrimiento. Es en medio del proceso, como hemos oído muchas veces en el pasado, que cuando un estudiante está listo, el maestro aparecerá. Esto es cierto, así como el mundo ha visto a muchas de las personas más grandes fallar por una mala mentoría. Una buena idea es buscar el conocimiento que uno puede conseguir no necesariamente del profesor, sino del proceso, que el profesor te ayudará durante el camino. El profesor luego será revelado ante ti y te ayudará en tu senda. Aparte de todo esto, busca el crecimiento interno y date cuenta de que somos todos uno, por lo que, si ayudas a tu vecino, serás ayudado a cambio.

La idea para un compañero para rendir

cuentas es también muy importante, para que tengas a alguien que puede ayudarte a ganar un nuevo hábito. Estudios han comprobado que de esta manera hay de un 70% a un 80% más de probabilidades de mantenerse en el hábito inicial. En la meditación esto es importante, crear una nueva comunidad para ti mismo para hablar de tus experiencias de desarrollo interno y buscar el crecimiento continuamente, y esto puede ayudar a encontrar un compañero para rendir cuentas.

Conclusión

Gracias otra vez por descargar este libro.

Espero te haya provisto de información respecto a lo beneficiosa que puede ser la meditación y cómo puedes practicarla. El siguiente paso es que escojas una técnica de meditación y empieces a meditar. Espero que a través de esta actividad te alivies de tu estrés y cualquier otro problema tanto físico como psicológico.

Finalmente, si disfrutaste este libro, ¿serías tan amable de dejar una reseña en Amazon?

¡Gracias y buena suerte!

www.ingramcontent.com/pod-product-compliance
Lightning Source LLC
Chambersburg PA
CBHW071900070526
44583CB00016B/1768